PAIDEIA
ÉDUCATION

ALFRED JARRY

Ubu roi

Analyse littéraire

© Paideia éducation.

22 rue Gabrielle Josserand - 93500 Pantin.

ISBN 978-2-75930-098-3

Dépôt légal : Septembre 2023

Impression Books on Demand GmbH

In de Tarpen 42

22848 Norderstedt, Allemagne

SOMMAIRE

- Biographie de Alfred Jarry.. 9

- Présentation de *Ubu roi*... 13

- Résumé de la pièce... 17

- Les raisons du succès.. 29

- Les thèmes principaux.. 33

- Étude du mouvement littéraire.. 39

- Dans la même collection.. 43

BIOGRAPHIE DE
ALFRED JARRY

Alfred Henri Jarry est né le 8 septembre 1873 à Laval. C'est le fils d'Anselme Jarry et de Caroline Jarry, née Quernest. Ses parents sont des commerçants qui possèdent plusieurs maisons dans la ville. Ses premières années se passent dans cette ville où il est scolarisé de 1878 à 1879.

Dès 1879, sa famille connaît des revers de fortune. Sa mère va alors s'installer à Saint Brieuc avec Alfred et sa sœur Charlotte. De la rentrée 1879 à juillet 1888, Alfred Jarry est élève au lycée de Saint Brieuc où il reçoit de nombreux prix car il est bon élève. Il commence à écrire dès la quatrième de petites pièces qui sont reprises dans le premier volume des œuvres complètes de la Pléiade dirigé par Michel Arrivé et paru en 1972.

En 1888, Jarry entre au lycée de Rennes où il rencontre Henri Morin, plus jeune que son frère Charles, auteur d'une pièce comique inspirée par le Père Hébert, professeur de physique, intitulée *Les Polonais*. Quelques représentations avec des marionnettes ou des ombres chinoises sont organisées dans les familles Morin et Jarry dès 1888, le texte des *Polonais* ayant été transformé en comédie par Jarry. C'est l'époque où Jarry rédige *Ubu cocu*.

En 1891, Alfred Jarry vient poursuivre ses études à Paris. Il entre en classe préparatoire au lycée Henri IV et a Henri Bergson comme professeur de philosophie. *Ubu roi* et *Ubu cocu* sont retouchées, et parviennent progressivement à leur forme définitive.

En 1893, Jarry rencontre pour la première fois Marcel Schwob à l'occasion d'un concours littéraire organisé par le journal *L'Écho de Paris*, qu'il remporte, et c'est de cette époque que date l'amitié des deux hommes. Marcel Schwob est d'ailleurs le dédicataire d'*Ubu roi*.

En 1894 paraît le premier livre d'Alfred Jarry, un recueil de poésies, *Les Minutes de Sable Mémorial* aux éditions du Mercure de France. Jarry commence à se lier au milieu symboliste, il est notamment ami avec Léon-Paul Fargue, et il présente à ses amis des pièces qui mettent en scène le Père Ubu. Il se lie d'amitié avec Alfred Vallette, directeur du Mercure de France dont Jarry deviendra actionnaire.

En 1896, Jarry propose à Lugné-Poe, directeur du Théâtre de l'Œuvre, une version d'*Ubu roi*, c'est la première fois que la pièce est montée pour le public. La première représentation a lieu le 10 décembre. Jarry devient actionnaire du théâtre dirigé par Lugné-Poe. Le texte d'*Ubu roi* paraît en avril et mai dans les numéros 2 et 3 du *Livre d'Art*, une revue mensuelle dirigée par Paul Fort, il est repris en septembre dans le Mercure de France.

À partir de 1897, le patrimoine d'Alfred Jarry est dilapidé, mais lui continue à publier divers textes dans le Mercure de France. Il loue un logement bas de plafond dans la rue Cassette à Paris, et c'est là qu'il vivra jusqu'à sa mort. Il s'occupe de la machinerie du Théâtre des Pantins qui ouvre ses portes en décembre 1897, et c'est dans ce théâtre qu'a lieu la deuxième représentation de la pièce avec des marionnettes en 1898.

À partir de 1899, Jarry travaille au troisième cycle d'Ubu, *Ubu enchaîné*. Il publie un roman à compte d'auteur, à cinquante exemplaires : *L'Amour absolu*.

En 1902, Jarry prononce une conférence sur les Pantins en Belgique, au cercle de la Libre Esthétique. Il fait aussi publier le roman *Le Surmâle*.

En 1904, il achète trois parcelles de terrain à côté de chez ses amis les Vallette et fait construire une petite maison en bois soutenue par quatre piliers en béton d'à peine 10 m^2.

En 1906, Jarry se sent malade, il est poursuivi par de nombreux créanciers et se réfugie chez sa sœur Charlotte à Laval où il rédige son testament et reçoit les derniers sacrements. Il se remet de ce premier accès de maladie, mais il reste épuisé et endetté. Il meurt finalement le 1er novembre 1907 d'une méningite tuberculeuse à l'hôpital de la Charité à trente-quatre ans.

PRÉSENTATION DE UBU ROI

Ubu roi est une pièce de lycéen écrite par le jeune Alfred Jarry, inspirée de la pièce de son camarade Charles Morin *Les Polonais* (1885), mise en scène au Théâtre de l'Œuvre puis publiée dans *La Revue d'Art* en 1896. La première ébauche de cette œuvre est écrite dans un lycée de Rennes dès 1885.

Les cinq actes présentent les tribulations du Père Ubu et de sa femme, décidés à prendre le pouvoir dans une Pologne imaginaire. Ubu se laisse convaincre par sa femme, il tue le roi Venceslas, prend sa place et en profite pour imposer ses lois cruelles et stupides à toute la population. Révoltée, elle se retourne contre lui qui est obligé de fuir à l'étranger. Ubu est une sorte de caricature du bourgeois du XIXe siècle qui ne pense qu'à manger et à amasser de l'argent, il est aussi inspiré par un des professeurs de Jarry et ses condisciples surnommé le P. H. pour le Père Hébert, dont le nom était transformé en Ébé ou Ébouille au gré des élèves.

La première fait scandale, et il n'y a pas d'autre représentation de la pièce avant 1898, et encore, sous la forme d'un théâtre de marionnettes qui a lieu au Théâtre des Pantins. La pièce n'est ensuite plus rejouée du vivant de Jarry. En 1922, la seconde véritable mise en scène de la pièce est un échec. La pièce est entrée cependant au répertoire de la Comédie française en 2009.

Ubu roi n'est pas la seule pièce de Jarry, qui réutilise ce personnage dans de nombreuses autres pièces comme *Ubu cocu* (écrit autour de 1888, publié en 1897) ou *Ubu enchaîné* (écrit et publié entre 1899 et 1900).

RÉSUMÉ DE LA PIÈCE

Acte I

Scène 1 (Père Ubu, Mère Ubu)

La Mère Ubu demande à son mari s'il est content de son sort, et comme celui-ci répond par l'affirmative, elle trouve qu'il a tort et qu'il ferait mieux de chercher à prendre la place du roi Venceslas en massacrant toute sa famille. Elle lui fait la description de tout ce qu'il pourrait obtenir s'il devenait roi (une capeline, un parapluie et un grand caban). Il a trop peur pour accepter et s'en va en claquant la porte, mais Mère Ubu est persuadée qu'il changera d'avis.

Scène 2 (Père Ubu, Mère Ubu)

Ubu et sa femme attendent des invités, ils sont assis à table. Ubu mange les plats pendant que sa femme a le dos tourné. Elle lui annonce ensuite l'arrivée du capitaine Bordure et de ses partisans.

Scène 3 (Père Ubu, Mère Ubu, capitaine Bordure et ses partisans)

Les invités demandent le menu, donné par Mère Ubu. Les plats sont nombreux et variés, certains, comme les « côtes de rastron » n'existent pas, et d'autres sont étonnants, comme le « pâté de chiens » ou les « choux fleurs à la merdre ». Ubu râle parce que cela lui semble trop alors que c'est lui qui invite, il s'en va chercher un balai, et quand il touche les plats avec, il les empoisonne : plusieurs personnes meurent d'avoir goûté ces plats. Il assomme tout le monde en jetant des côtes de rastron, tous sortent en colère contre Ubu, sauf Bordure.

Scène 4 (Père Ubu, Mère Ubu, Capitaine Bordure)

Ubu annonce à Bordure son projet de tuer Venceslas pour devenir roi de Pologne. Il prévoit de faire de Bordure le duc de Lithuanie (sic). Ce dernier accepte de se ranger auprès d'Ubu contre Venceslas.

Scène 5 (Père Ubu, Mère Ubu, un Messager)

Un messager vient apprendre à Ubu que le roi veut lui parler. Il est persuadé que son complot est découvert et qu'il va être guillotiné. Il a alors l'idée de dire que c'est sa femme et Bordure qui ont tout organisé.

Scène 6 (Le roi Venceslas, ses officiers, Bordure, les fils du roi, Ubu)

En entrant chez le roi, Ubu lui dit donc que sa femme et Bordure sont à l'origine de tout, mais le roi ne le faisait pas venir pour le punir, au contraire, il lui annonce qu'il le fait comte de Sandomir. En remerciement, Ubu donne au roi un mirliton (petit instrument de musique). Ubu tombe en sortant et se blesse, mais il n'en reste pas moins décidé à tuer Venceslas.

Scène 7 (Giron, Pile, Cotice, Père Ubu, Mère Ubu, conjurés et soldats, capitaine Bordure)

Ubu s'adresse à ses soldats pour décider de la marche à suivre pour la suite de la conspiration. Il envisage d'abord de faire manger au roi de l'arsenic pour l'empoisonner, Bordure préfère lui donner un coup d'épée, il propose aussi que tout le monde se jette sur le roi en criant lors de la revue des troupes.

Ubu décide que le signal pour se jeter sur le roi sera le mot MERDRE. Tous jurent de tuer le roi.

Acte II

Scène 1

Le roi ordonne à Bougrelas (son fils) de ne pas venir à la revue des troupes qu'il organise parce que ce dernier a manqué de respect à Ubu quand il est venu. La reine lui dit qu'il a tort de ne pas garder le plus de monde possible pour se défendre, parce qu'elle a fait un rêve où elle a vu Ubu s'en prendre à son mari et le tuer pour obtenir le trône. Le roi ne veut pas écouter sa femme, et pour lui prouver à quel point il a confiance en Ubu, il décide même d'aller à la revue sans arme pour se défendre.

Scène 2

Le roi appelle Ubu près de lui, Ubu lui écrase le pied et donne le signal de l'assaut en criant « MERDRE ». Ses partisans attaquent le roi, et Ubu prend la couronne. Les partisans poursuivent les fils du roi qui prennent la fuite.

Scène 3

La reine et Bougrelas commencent à croire que le roi reviendra sain et sauf quand un grand cri se fait entendre. Ils comprennent que le roi est mort et que ses partisans sont en train de se faire tuer aussi. Ils craignent pour leur propre vie quand le château est attaqué.

Scène 4

Ubu et ses partisans défoncent la porte du château pour entrer. Bougrelas veut défendre la reine sa mère et fait un massacre parmi les opposants. Pendant ce temps, la reine parvient à s'enfuir par un escalier secret.

Scène 5

La reine et Bougrelas ont fui dans une caverne, dans les montagnes, et là ils pensent être en sécurité. La reine est affaiblie par les mauvais coups du sort qui la frappent les uns après les autres, et elle est persuadée qu'elle va mourir. Bougrelas refuse de s'avouer vaincu, il est sûr qu'il pourra reprendre le dessus sur Ubu. Sa mère meurt et il se retrouve seul, on apprend qu'il n'a que quatorze ans. Les âmes des morts de sa famille lui apparaissent alors pour lui donner une épée qui devra servir à la vengeance.

Scène 6

Bordure conseille à Ubu de faire des cadeaux au peuple pour se faire bien voir, mais Ubu n'est pas d'accord parce que cela lui coûterait trop cher, alors qu'il considère les gens du peuple comme des « bouffres », c'est à dire des bouffons. Bordure parvient à le convaincre de distribuer le trésor de l'église au peuple pour qu'ensuite les impôts puissent être payés.

Scène 7

Le peuple acclame le nouveau roi Ubu, qui jette de l'or à pleines poignées. Les gens se disputent l'or qui tombe du ciel, au point de s'entretuer. Ubu organise une course, celui qui gagne remporte une caisse remplie d'argent, les perdants se partagent l'argent d'une autre caisse. Finalement, il invite tout le monde à venir déjeuner dans son palais.

Acte III

Scène 1 (Père Ubu, Mère Ubu)

Ubu demande sa capeline « en peau de mouton avec des agrafes et des brides en peau de chien ». Il annonce à sa femme qu'il ne compte pas tenir la promesse qu'il a faite à Bordure de le nommer duc de Lithuanie. Mère Ubu lui dit qu'il a tort d'agir ainsi et qu'il va s'en faire un ennemi. Elle lui conseille également de donner de l'argent à Bougrelas pour se l'attacher, mais Ubu refuse également.

Scène 2 (Père Ubu, Mère Ubu, officiers et soldats, Giron, Pile, Cotice, Nobles enchaînés, financiers, magistrats, greffiers)

Ubu veut tuer tous les nobles, il les fait donc venir dans la salle du trône et les massacre de différentes manières. Soit il les pend à des crochets, soit il les fait tomber dans une trappe. Il s'empare de leurs biens par la même occasion et demande à un greffier de tenir les comptes. Ensuite, une fois qu'il en a terminé avec les nobles, Ubu décide de commencer à faire des lois, comme les magistrats s'y opposent, il les jette dans la trappe comme les nobles. Enfin, Ubu s'intéresse aux finances, il veut la moitié des impôts seulement pour lui. Les financiers ne sont pas d'accord non plus et finissent à la trappe. Ubu est désormais seul pour gouverner.

Scène 3 (paysans dans une maison de Varsovie)

Les paysans s'échangent les nouvelles à propos du coup d'état et du nouveau roi. Ils s'inquiètent des nouveaux impôts qu'ils vont devoir payer et de la mauvaise réputation d'Ubu. Ce dernier frappe à la porte : il vient relever les impôts.

Scène 4 (père Ubu, paysans)

Ubu s'adresse au plus vieux des paysans et lui ordonne de payer des impôts que le paysan a déjà payés peu de temps auparavant. Les paysans ne peuvent pas payer et demandent grâce, mais Ubu ne veut rien savoir et fait tuer tout le monde et détruire la maison. Seul le vieux paysan Stanislas parvient à s'enfuir, décidé à rejoindre Bougrelas dans les montagnes.

Scène 5 (Bordure, Père Ubu)

Bordure s'est révolté contre Ubu quand il n'a pas voulu lui donner ce qu'il lui avait promis, et il est maintenant enchaîné, à la merci d'Ubu, mais il le prévient de faire attention : à trop commettre de crimes, le peuple va se retourner contre lui.

Scène 6 (l'empereur Alexis et sa cour, Bordure)

L'empereur vient interroger Bordure sur son implication dans le complot contre Venceslas, et Bordure avoue s'être laissé entraîner par Ubu. Il est parvenu à s'échapper de sa prison et promet à l'empereur, en gage de soumission, qu'il fera tout pour rétablir Bougrelas sur le trône qui lui revient.

Scène 7 (Père Ubu, Mère Ubu, conseiller des Phynances)

Ubu est ravi parce que son système pour récolter de l'argent fonctionne très bien : tous ceux qui refusent de payer voient leur maison brûlée. Un messager apporte une lettre, c'est Bordure qui annonce à Ubu qu'il va arriver pour lui faire la guerre, soutenu par l'empereur. Ubu est effrayé, il a peur d'être tué, mais il ne veut pas dépenser d'argent pour organiser la guerre.

Scène 8 (soldats, Père Ubu, Mère Ubu)

Ubu est en train de se préparer pour la guerre, il enfile une armure. Ses soldats utilisent des armes étranges : sabre à merdre, croc à finances, croc à merdre, couteau à figure… Ubu essaye de monter à cheval, mais ne se révèle pas bon cavalier, il est ridicule dans son armure, sa femme dit qu'il ressemble à une citrouille. En partant, Ubu laisse la régence à sa femme, bien décider à régner en son absence et à tuer Bougrelas.

Acte IV

Scène 1 (Mère Ubu)

La Mère Ubu essaye de trouver un trésor, elle sonde les dalles de la crypte des anciens rois de Pologne dans la cathédrale de Varsovie. Quand elle a trouvé le trésor, elle entend une voix qui sort des tombes et s'enfuit effrayée en ne prenant que la moitié de l'or.

Scène 2 (Bougrelas, Mère Ubu, soldats)

Bougrelas et ses partisans s'en prennent à la Mère Ubu et à ses gardes, qui meurent tour à tour. En voyant le danger de sa situation, la Mère Ubu se sauve et se trouve poursuivie par tous les polonais.

Scène 3 (l'armée polonaise en marche dans l'Ukraine)

Ubu, fatigué, fait porter différentes parties de son équipement à ses soldats pour se reposer. Rensky, sorte de messager, vient annoncer que la Mère Ubu est en fuite et que les Polonais sont révoltés. L'armée arrive enfin en face de l'ennemi, les Russes, et se prépare au combat. Comme il est onze heures, Ubu décide de déjeuner avant de lancer la bataille, persuadé que les Russes n'attaqueront pas avant midi. Un boulet russe arrive droit sur eux.

Scène 4

L'armée d'Ubu se jette dans la bataille, Ubu est blessé par un Russe qui lui tire un coup de revolver. Le Tzar arrive ensuite accompagné de Bordure. Bataille entre les Russes et les Polonais. Ubu est poursuivi par le Tzar, qui tombe par accident dans un fossé. Il est délivré par ses soldats qui viennent le tirer du fossé. L'armée des Polonais s'enfuit, pourchassée par celle du Tzar.

Scène 5 (Père Ubu, Pile, Cotice)

Les trois hommes sont dans une caverne. Ils reparlent de la guerre et font en quelque sorte le compte des blessés.

Scène 6 (les mêmes)

Un ours entre dans leur caverne. Ubu le prend d'abord pour un chien, quand Pile lui dit que c'est un ours, il est effrayé. L'ours attaque Cotice, Ubu monte sur un rocher pour se protéger tandis que Pile essaye de défendre Cotice en attaquant l'ours avec un couteau. Pendant que les deux hommes se battent avec l'ours, Ubu récite un simulacre de prière. Finalement, l'ours meurt et les trois hommes décident de le manger, ils font un feu. Pile et Cotice s'occupent de préparer l'ours pendant qu'Ubu tombe endormi. Pile et Cotice décident d'abandonner Ubu et ils quittent la caverne.

Scène 7 (Père Ubu)

Ubu parle dans son rêve, il revoit l'attaque des Russes. Il voit aussi la Mère Ubu en train de lui dérober son trésor dans la cathédrale, enfin, il se croit mort et enterré puis se tait.

Acte V

Scène 1 (Père Ubu, Mère Ubu)

La Mère Ubu entre dans la caverne où est caché Ubu sans savoir qu'il est là. Il fait noir. Elle retrace tout ce qui lui est arrivé avant qu'elle ne trouve refuge ici. Elle se réjouit d'avoir volé Ubu même si elle est morte de faim et de fatigue. Ubu se réveille à ce moment-là. Elle décide alors de se faire passer pour une apparition surnaturelle afin de forcer Ubu à lui pardonner ses vols. Le jour se lève cependant, et Ubu reconnaît sa femme. Il la bat et elle demande grâce.

Scène 2 (les mêmes, Bougrelas)

Bougrelas et les soldats se jettent sur Ubu et sa femme. Les deux Palotins Cotice et Pile viennent finalement à leur secours. Ubu assomme les soldats de Bougrelas avec l'ours mort.

Scène 3

Ubu, sa femme et les deux Palotins sont en fuite, Bougrelas ne les a pas poursuivis, parce qu'il est occupé à se faire couronner.

Scène 4

Ubu et sa bande sont sur un navire qui part au loin. Une brusque bourrasque de vent manque de faire chavirer le navire qui se dirige vers la France où la famille Ubu a un château. Il est décidé à se faire nommer Maître des Finances à Paris.

LES RAISONS
DU SUCCÈS

Le succès de la pièce, même s'il a été mitigé au moment de la première représentation, tient au ridicule du personnage principal, le Père Ubu, dont la forme est particulière, monstrueuse presque : « la tête en forme de poire, le corps massif à bedaine circulaire, harnaché d'un ample manteau qui fait penser soit à la houppelande du Père Noël, soit à la robe du Grand Inquisiteur » (Charles Grivel). Il est le modèle inversé, l'idéal à l'envers et aucune qualité n'est là pour compenser ses défauts trop nombreux, si ce n'est sa capacité à nous faire rire par ses actions absurdes.

Jarry insiste lui-même sur le grotesque de son personnage lors du discours qu'il prononce avant la première représentation théâtrale de 1896 : « C'est pourquoi vous serez libres de voir en M. Ubu les multiples allusions que vous voudrez, ou un simple fantoche, la déformation par un potache d'un de ses professeurs qui représentait pour lui tout le grotesque qui fût au monde. »

La pièce est à l'image de la littérature du temps, elle est dans la mouvance symboliste : « *Ubu roi* devient l'authentique porte-parole de Jarry par le symbolisme absurde des situations, la désacralisation des signes sociaux et la soudaine poésie du jeu de mot » (Encyclopédie Bordas). Mais cela signifie aussi qu'elle s'éloigne de la littérature naturaliste, et effectivement, les lieux, bien que définis, restent vagues, même la Pologne est le « Nulle Part » dont Jarry parle lors de son discours d'ouverture pour la première représentation : « Quant à l'action, qui va commencer, elle se passe en Pologne, c'est à dire Nulle Part. » Rien de « réel » ou de « réaliste » dans cette pièce, ni les physiques, ni les noms, ni même l'intrigue qui paraît improbable. Le ton est donné, Jarry fait rire tout en montrant des horreurs, tellement incroyables qu'elles en deviennent drôles.

Si la pièce est symboliste, à travers le personnage d'Ubu

et les jeux constants sur le langage, elle est en même temps décadente dans le sens où elle parodie en grossissant les traits les plus absurdes de l'homme, sa soif de pouvoir et sa couardise, sa bêtise innée et sa lâcheté, ce qui lui donne un aspect provocateur. Le décor dépouillé (les décors ont été peints par Jarry lui-même), où les lieux sont indiqués par une pancarte portant leur nom, c'est l'essence du symbolisme, qui laisse place au travail de l'imagination.

C'est sans doute cet aspect provocateur, inauguré par le « Merdre ! », du début, qui a provoqué le scandale lors de la première représentation. Le lendemain, les critiques échangent leurs avis : « Les références au théâtre grec et à Shakespeare exaspéraient les uns, enthousiasmaient les autres. Contre ceux qui crient au mauvais goût, Catulle Mendès soutient : "*un fait est acquis : le Père Ubu existe [...] énorme parodie malpropre de Macbeth, de Napoléon*" (Le Journal, 11 décembre 1896) » (Marie-France Azéma). Finalement, si la pièce n'a guère été jouée du vivant de Jarry, elle n'en reste pas moins susceptible d'une force toujours vraie : Ubu est encore la caricature possible de nombreux hommes actuels, ses défauts font sa force de représentation, sans être crédible, il est très évocateur.

La pièce est bien de son temps, en ce qu'elle est décadente et symboliste à la fois, et Jarry est à mettre en parallèle avec d'autres écrivains ou poètes qui s'expriment à la fin du XIXe siècle comme Arthur Rimbaud et Charles Cros pour les jeux sur les mots ou les échanges de vers cocasses, mais elle ouvre en même temps sur de nouvelles perspectives. On voit déjà en œuvre le théâtre de la cruauté d'Antonin Artaud, ou encore le théâtre de l'absurde qui prend sens au XXe siècle. Enfin, à propos du succès de la pièce, on peut noter qu'elle nous à légué un adjectif : « ubuesque », qui s'emploie pour qualifier une situation ou une attitude marquée d'absurdité cocasse.

LES THÈMES
PRINCIPAUX

La pièce de Jarry met en scène un personnage grotesque au sens hugolien du terme, c'est-à-dire à la fois comique et monstrueux : le Père Ubu, aussi gros qu'il est vulgaire et égoïste. L'intrigue tourne autour de sa tentative pour s'emparer du pouvoir en Pologne. Jarry, qui appartient au milieu symboliste de la fin du XIXe siècle, s'amuse à jouer sur le langage, à lui donner des formes grotesques parfois détournées de l'ancien français. C'est une pièce à la fois drôle et tragique : Ubu est drôle pour plusieurs raisons, mais il a aussi tous les caractères du tyran le plus cruel.

Le comique se joue sur plusieurs plans, à commencer par la grossièreté d'Ubu. Le premier mot de la pièce est le « Merdre ! » qui a fait scandale lors de la première représentation. Dès le départ, le ton est donné avec ce mot vulgaire détourné grâce à l'ajout d'un -r- superflu. Un autre des jurons favoris du Père Ubu, l'expression « De par ma chandelle verte » est, selon Marie-France Azéma, une « parodie des invocations solennelles des rois se référant à leur sceptre ». Toute la pièce est ainsi émaillée par des jurons divers, et sur le plan de la grossièreté, la Mère Ubu vaut bien son mari : « Vrout, merdre, il a été dur à la détente, mais vrout, merdre, je crois pourtant l'avoir ébranlé », dit-elle lorsqu'elle est parvenue à convaincre son mari de tenter de prendre le pouvoir (Acte I, scène 1).

Ubu est drôle aussi parce qu'il est lâche, la moindre contrariété le fait renoncer, il suffit de voir sa réaction quand il se croit découvert par le roi à l'acte I, scène 5 : « Oh ! merdre, jarnicotonbleu, de par ma chandelle verte, je suis découvert, je vais être décapité, hélas, hélas ! » et avare : il se plaint des dépenses de sa femme pour organiser le repas de la scène 3, refuse de fêter sa place de roi en donnant de l'argent au peuple comme le veut la coutume : « Non, je ne veux pas, moi ! Voulez-vous me ruiner pour ces bouffres ? »

(II, 6), puis refuse plus tard d'organiser une vraie armée pour se défendre quand il est attaqué par les Russes sous prétexte que cela lui coûterait trop d'argent : « Ah ! non, par exemple ! Je vais te tuer, toi. Je ne veux pas donner d'argent. En voilà d'une autre ! J'étais payé pour faire la guerre et maintenant il faut la faire à mes dépends. Non, de par ma chandelle verte, faisons la guerre, puisque vous en êtes enragés, mais ne déboursons pas un sou » (III, 7).

La satire passe également par la gloutonnerie d'Ubu, qui raffole des andouilles (voir acte I, scène 1 : « Tu pourrais [...] manger fort souvent de l'andouille » lui dit sa femme comme argument pour qu'il fasse un coup d'état). Il accepte d'assassiner le roi pour des andouilles, un parapluie et une cape. Sa gloutonnerie ne s'effraie pas du festin étrange décrit dans la scène 3 du premier acte, et lui-même n'hésite pas à souligner sa corpulence : « Saprisiti, de par ma chandelle verte, je suis pourtant assez gros » ; « Ouf, un peu plus, j'enfonçais ma chaise » (I, 3).

Mais Ubu est aussi un tyran cruel dont la lâcheté n'a d'égale que la cruauté, une cruauté que vient compléter un égoïsme complet. Ainsi, il laisse ses deux Palotins Pile et Cotice se débattre avec un ours et s'empresse d'aller se mettre à l'abri sur un rocher, pour faire une prière de Tartuffe et prétendre ensuite les avoir sauvés par le seul effet de son pater (IV, 6).

Sa cruauté apparaît notamment dans deux ou trois scènes de l'acte III : lorsqu'il massacre un par un tous les nobles, tous les magistrats et tous les financiers en les pendant à des crochets ou en les faisant tomber dans une fosse (scène 2) ; lorsqu'il menace les paysans qui ne peuvent pas payer l'impôt qu'il exige et fait brûler leur maison (scène 4, voir la didascalie : « la maison est détruite ») ou encore lorsqu'il vient torturer Bordure enchaîné par ses paroles (scène 6).

Enfin, son comportement avec sa femme vaut celui qu'il

a avec tout le monde. Il n'hésite pas à l'insulter (« Ah ! charogne », V, 1), à la menacer de tous les maux (« Oh ! oh ! oh ! après, as-tu fini ? Moi je commence : torsion du nez, arrachement des cheveux, pénétration du petit bout de bois dans les oreilles, extraction de la cervelle par les talons, lacération du postérieur, suppression partielle ou même totale de la moelle épinière […] Ça te va-t-il, andouille ? », V, 1).

Voilà les traits de caractère du personnage principal : égoïsme, lâcheté, cruauté, avarice, gloutonnerie. Son physique bedonnant, sa bêtise, sa vulgarité et son aspect grotesque participent de la satire du bourgeois du XIXe siècle, même si la pièce se déroule dans une Pologne fantasmée. L'ensemble de la pièce fait rire : c'est à cause de ce roi, pantin toujours dans l'excès et qui n'a pas la moindre crédibilité, même auprès de sa femme. Jarry s'est amusé à parodier certaines grandes tragédies classiques, à commencer par le titre de son œuvre qui rappelle l'*Œdipe roi* de Sophocle tout en soulignant la dérive bourgeoise du XIXe siècle. Ubu est une sorte de Macbeth grotesque.

ÉTUDE DU MOUVEMENT LITTÉRAIRE

De nombreux critiques font de Jarry un symboliste : il faut définir ce qu'est le symbolisme. Comme de nombreux mouvements littéraires, il ne s'est dessiné qu'après coup, et encore de manière assez peu claire. Il a rarement été revendiqué comme tel par les auteurs de la fin du XIXe siècle que nous catégorisons de nos jours comme appartenant à cette mouvance. Il est facile de voir que le nom du mouvement est construit à partir du terme « symbole », et c'est parce que les poètes et hommes de lettres qui s'en sont réclamés ou qui y ont été associés prescrivaient un retour aux symboles contre le réalisme.

L'encyclopédie Bordas définit ainsi le symbolisme littéraire : « Le mot symbolisme désigne un mouvement littéraire, en particulier poétique, mais aussi pictural, qui visait à donner à l'art le pouvoir d'utiliser le langage des symboles […]. Le symbolisme apparut à ses débuts comme une réaction contre le naturalisme romanesque imposé avec succès par Zola et contre le Parnasse où la poésie semblait s'être enlisée. »

Jean Mauréas est celui qui a tenté de donner ses lettres de noblesse au mouvement en écrivant un manifeste, *Le Symbolisme*, paru dans *Le Figaro* du 18 septembre 1886, mais le *Lagarde et Michard* souligne que « nos plus grands poètes symbolistes, de Nerval à Mallarmé, ont vécu avant la constitution de l'école symboliste, ou ne se sont pas rangés expressément sous sa bannière ».

Pour les symbolistes, la langue est un terrain de jeu, il faut revenir au véritable sens des mots, quitte à devenir obscur pour la plupart des gens. Les symbolistes, contrairement à ce que prônait Hugo et les romantiques par exemple, ne veulent pas écrire pour la foule, ils préfèrent s'adresser à un public plus cultivé qui sera capable de sentir les jeux sur le langage, la réflexion étymologique ou les richesses des sonorités sans se limiter à la recherche d'un sens clair. La forme est aussi importante que le fond, sinon plus.

Les symbolistes se réclament également de Baudelaire qui avait défini la synesthésie dans son sonnet « Correspondance » au vers 8 : « Les parfums, les couleurs et les sons se répondent », et le moment où les sens se mélangent et se confondent est en quelque sorte l'idéal du symbolisme. Cette recherche du bon mot, les références à la mythologie, le culte du mot rare et de la syntaxe disloquée isole en quelque sorte les écrivains symbolistes qui prennent des risques avec leur public : l'incompréhension est toujours une menace qui pèse sur la poésie sibylline, mais paradoxalement, le symbolisme est un mouvement assez productif, même si au sens propre, il se limite aux dernières années du XIXe siècle.

DANS LA MÊME COLLECTION
(par ordre alphabétique)

- **Anonyme**, *La Farce de Maître Pathelin*
- **Anouilh**, *Antigone*
- **Aragon**, *Aurélien*
- **Aragon**, *Le Paysan de Paris*
- **Austen**, *Raison et Sentiments*
- **Balzac**, *Illusions perdues*
- **Balzac**, *La Femme de trente ans*
- **Balzac**, *Le Colonel Chabert*
- **Balzac**, *Le Lys dans la vallée*
- **Balzac**, *Le Père Goriot*
- **Barbey d'Aurevilly**, *L'Ensorcelée*
- **Barbey d'Aurevilly**, *Les Diaboliques*
- **Bataille**, *Ma mère*
- **Baudelaire**, *Les Fleurs du Mal*
- **Baudelaire**, *Petits poèmes en prose*
- **Beaumarchais**, *Le Barbier de Séville*
- **Beaumarchais**, *Le Mariage de Figaro*
- **Beauvoir**, *Mémoires d'une jeune fille rangée*
- **Beckett**, *Fin de partie*
- **Brecht**, *La Noce*
- **Brecht**, *La Résistible ascension d'Arturo Ui*
- **Brecht**, *Mère Courage et ses enfants*
- **Breton**, *Nadja*
- **Brontë**, *Jane Eyre*
- **Camus**, *L'Étranger*
- **Carroll**, *Alice au pays des merveilles*
- **Céline**, *Mort à crédit*
- **Céline**, *Voyage au bout de la nuit*

- **Chateaubriand**, *Atala*
- **Chateaubriand**, *René*
- **Chrétien de Troyes**, *Perceval*
- **Cocteau**, *Les Enfants terribles*
- **Colette**, *Le Blé en herbe*
- **Corneille**, *Le Cid*
- **Crébillon fils**, *Les Égarements du cœur et de l'esprit*
- **Defoe**, *Robinson Crusoé*
- **Dickens**, *Oliver Twist*
- **Du Bellay**, *Les Regrets*
- **Dumas**, *Henri III et sa cour*
- **Duras**, *L'Amant*
- **Duras**, *La Pluie d'été*
- **Duras**, *Un barrage contre le Pacifique*
- **Flaubert**, *Bouvard et Pécuchet*
- **Flaubert**, *L'Éducation sentimentale*
- **Flaubert**, *Madame Bovary*
- **Flaubert**, *Salammbô*
- **Gary**, *La Vie devant soi*
- **Giraudoux**, *Électre*
- **Giraudoux**, *La Guerre de Troie n'aura pas lieu*
- **Gogol**, *Le Mariage*
- **Homère**, *L'Odyssée*
- **Hugo**, *Hernani*
- **Hugo**, *Les Misérables*
- **Hugo**, *Notre-Dame de Paris*
- **Huxley**, *Le Meilleur des mondes*
- **Jaccottet**, *À la lumière d'hiver*
- **James**, *Une vie à Londres*
- **Kafka**, *La Métamorphose*
- **Kerouac**, *Sur la route*
- **Kessel**, *Le Lion*
- **La Fayette**, *La Princesse de Clèves*

- **Le Clézio**, *Mondo et autres histoires*
- **Levi**, *Si c'est un homme*
- **London**, *Croc-Blanc*
- **London**, *L'Appel de la forêt*
- **Maupassant**, *Boule de suif*
- **Maupassant**, *Le Horla*
- **Maupassant**, *Une vie*
- **Molière**, *Amphitryon*
- **Molière**, *Dom Juan*
- **Molière**, *L'Avare*
- **Molière**, *Le Malade imaginaire*
- **Molière**, *Le Tartuffe*
- **Molière**, *Les Fourberies de Scapin*
- **Musset**, *Les Caprices de Marianne*
- **Musset**, *Lorenzaccio*
- **Musset**, *On ne badine pas avec l'amour*
- **Perec**, *La Disparition*
- **Perec**, *Les Choses*
- **Perrault**, *Contes*
- **Prévert**, *Paroles*
- **Prévost**, *Manon Lescaut*
- **Proust**, *À l'ombre des jeunes filles en fleurs*
- **Proust**, *Albertine disparue*
- **Proust**, *Du côté de chez Swann*
- **Proust**, *Le Côté de Guermantes*
- **Proust**, *Le Temps retrouvé*
- **Proust**, *Sodome et Gomorrhe*
- **Proust**, *Un amour de Swann*
- **Queneau**, *Exercices de style*
- **Quignard**, *Tous les matins du monde*
- **Rabelais**, *Gargantua*
- **Rabelais**, *Pantagruel*
- **Racine**, *Andromaque*

- **Racine**, *Bérénice*
- **Racine**, *Britannicus*
- **Racine**, *Phèdre*
- **Renard**, *Poil de carotte*
- **Rimbaud**, *Une saison en enfer*
- **Sagan**, *Bonjour tristesse*
- **Saint-Exupéry**, *Le Petit Prince*
- **Sarraute**, *Enfance*
- **Sarraute**, *Tropismes*
- **Sartre**, *Huis clos*
- **Sartre**, *La Nausée*
- **Senghor**, *La Belle histoire de Leuk-le-lièvre*
- **Shakespeare**, *Roméo et Juliette*
- **Steinbeck**, *Les Raisins de la colère*
- **Stendhal**, *La Chartreuse de Parme*
- **Stendhal**, *Le Rouge et le Noir*
- **Verlaine**, *Romances sans paroles*
- **Verne**, *Une ville flottante*
- **Verne**, *Voyage au centre de la Terre*
- **Vian**, *J'irai cracher sur vos tombes*
- **Vian**, *L'Arrache-cœur*
- **Vian**, *L'Écume des jours*
- **Voltaire**, *Candide*
- **Voltaire**, *Micromégas*
- **Zola**, *Au Bonheur des Dames*
- **Zola**, *Germinal*
- **Zola**, *L'Argent*
- **Zola**, *L'Assommoir*
- **Zola**, *La Bête humaine*
- **Zola**, *Nana*
- **Zola**, *Pot-Bouille*